누나 루나

오훈 시집

시와 달별

Book title : Sister Luna

The date of publication : 2016. 7.18.

Author : Hoon Oh(real name : Byounghoon Oh)

Publication : Poem and moon, star

Kakao talk ID : oohenry

Home page : mypoemtree.tistory.com

누나 루나

발행일   2016년 7월 18일

지은이   오훈(본명 : 오병훈)

발행처   시와 달별

연락처   kakao talk ID : oohenry

홈페이지   mypoemtree.tistory.com

누나 루나

I 서문 Introduction

사랑하는 나의 가족과 사랑하는 내 주위의 사람들에게 이 시집을 바친다. 아름다운 이 세상에서 내가 할 수 있는 가장 보람된 일은 시를 쓰는 일이고, 그 시가 누군가에게 위로가 되는 것이다. 시를 쓰는 시간은 나 자신이 가장 행복한 순간 이다. 시라는 행복 바이러스에 세상 사람들이 지독하게 전 염되었으면 좋겠다.

2016년 여름, 오훈

▍차례

서문 … 5

제1부 넌 아름다운 불꽃

넌 아름다운 불꽃 · · · · · · · · · 12
나무인형 · · · · · · · · · · · 13
그녀와의 대화 · · · · · · · · · · 14
사랑한다는 것 · · · · · · · · · · 15
행복의 증인 · · · · · · · · · 16
너에게 하고픈 이야기 · · · · · · · 17
너의 에너지 · · · · · · · · · · 18
가슴 뛰는 그녀 · · · · · · · · 19
이제 사랑은 · · · · · · · · · · 20
뜨거운 눈물 · · · · · · · · · · 21
따뜻한 말 한 마디 · · · · · · · 22
첫사랑 · · · · · · · · · · · 23
마비 · · · · · · · · · · · · 24
외로운 사람 · · · · · · · · · · 25
붉은 꽃 · · · · · · · · · · · 26
스르륵 · · · · · · · · · · · 27
균열 · · · · · · · · · · · · · 28

제2부 타임머신을 타지 않는 이유

타임머신을 타지 않는 이유　· · · · · 　30

해후 · · · · · · · · · · · · · 　32

고독 · · · · · · · · · · · · · 　33

이유 · · · · · · · · · · · · · 　34

아픈 · · · · · · · · · · · · · 　35

틀 · · · · · · · · · · · · · · 　36

보리차 · · · · · · · · · · · · 　37

슬픔의 기억 · · · · · · · · · 　38

그냥 아는 사람 · · · · · · · · 　39

경적 · · · · · · · · · · · · · 　40

어른의 맛 · · · · · · · · · · 　41

황금 사과 · · · · · · · · · · 　42

안개가 끼다 · · · · · · · · · 　43

우주 · · · · · · · · · · · · · 　44

공룡 · · · · · · · · · · · · · 　45

잊힌다 · · · · · · · · · · · · 　46

침실 · · · · · · · · · · · · · 　47

조화 · · · · · · · · · · · · · 　49

제3부 누나 루나

누나 루나 · · · · · · · · · · · 51
설렘 · · · · · · · · · · · · · 52
아픈 이 · · · · · · · · · · · 53
행복의 이유 · · · · · · · · · 55
배려 · · · · · · · · · · · · 56
반가운 얼굴 · · · · · · · · · 57
밤 하늘 · · · · · · · · · · · 58
사소한 행복 · · · · · · · · · 59
시선 · · · · · · · · · · · · 60
홀로 · · · · · · · · · · · · 61
꿈 · · · · · · · · · · · · · 62
마음의 끈 · · · · · · · · · · 63
가족 · · · · · · · · · · · · 64
바램 · · · · · · · · · · · · 65
너의 눈빛 · · · · · · · · · · 66
기댈 곳 · · · · · · · · · · · 67
너와 나 · · · · · · · · · · · 69

제4부 낙천주의자

낙천주의자 · · · · · · · · · · · 71

공짜 음악 · · · · · · · · · · 72

목적지 · · · · · · · · · · · 73

문뜩 · · · · · · · · · · · · 74

선물 · · · · · · · · · · · · 75

시를 쓰다 · · · · · · · · · · 76

다름 · · · · · · · · · · · · 77

메아리 · · · · · · · · · · · 79

비타민 · · · · · · · · · · · 80

과자 맛 · · · · · · · · · · 81

봄날의 벤치 · · · · · · · · · 82

소음 · · · · · · · · · · · · 83

여운 · · · · · · · · · · · · 84

지독히 외로울 때 · · · · · · · 85

미뤄두었던 일 · · · · · · · · 86

무언의 대화 · · · · · · · · · 88

풍선 · · · · · · · · · · · · 89

달리다 · · · · · · · · · · · 90

제5부 금강애가(錦江哀歌)

금강애가(錦江哀歌) · · · · · · · · · 92

파리 · · · · · · · · · · · · · 94

진주 · · · · · · · · · · · · · 95

햇빛 알레르기 · · · · · · · · · · 97

거미 · · · · · · · · · · · · 99

초록 전봇대 · · · · · · · · · · 101

청춘 열병 · · · · · · · · · · 103

삼길포에서 · · · · · · · · · · 105

내 마음속 별똥별 · · · · · · · · 107

짚신 한 짝 · · · · · · · · · · 108

부자 · · · · · · · · · · · · 109

중력 · · · · · · · · · · · · · 110

제1부. 넌 아름다운 불꽃

넌 아름다운 불꽃

널 사랑해서 나의 눈에 특별해 보이는 걸까
넌 모두에게 특별해서 내가 사랑에 빠진 걸까
옆의 남자들의 눈에도 넌 특별한 걸까
나의 특별한 너에게 주위의 남자들도 사랑에 빠질까
난 지금 이 공간의 뜨거운 공기를 느끼고 있어
나에게만 뜨거운 이 분위기가 느껴질까
주위를 둘러보면 모든 남자들의 암묵적 동의가 느껴져
넌 이 뜨거운 공기의 진원지야
넌 아름다운 불타는 꽃이야
넘실거리는 화염이야

나무인형

내 마음은 널 그리고 있어

황량한 세상에 덩그러니 놓였던 나

언제나 외로웠던 작은 나무인형 같던 나

나의 몸 한 조각을 태워 그 온기로 외로움을 지우려했던
나

모두가 불을 쬐고 나를 위로해주길 바랐던 나

이제 너를 만나고 작은 나무인형은 눈을 떴어

주위 사람을 위해 내 몸을 불태우려 했던 슬픈 사랑은
이제 그만하게 됐어

얼른 나의 나무 몸에 피와 살이 돋아주었으면 좋겠어

널 바라보며 점점 따스한 인간이 되고 있어

그녀와의 대화

그녀와의 대화가 좋은 이유를 몰랐다
문득 대화를 하다가 따스한 온기가 느껴졌다
나는 그제야 비로소 깨닫게 되었다
내가 그녀에게 건네는 것은 말이고
그녀가 내게 대답하는 것은 마음이었다
그녀는 내게 따스한 마음을 건네고 있었다
이제야 나도 그녀에게 말 대신 마음을 건넨다

사랑한다는 것

엄마에게 사랑한다 말하면 눈물이 난다
왜 그럴까
엄마에게 사랑한다 글을 쓰면 눈물이 난다
왜 그럴까
엄마는 내가 아프면 눈이 빨개진다.
왜 그럴까
엄마는 내가 힘들면 목소리가 슬퍼진다
왜 그럴까
아마도 나는 엄마를 사랑하기 때문이고
아마도 엄마도 나를 사랑하기 때문일 것이다
우리에게 사랑한다는 것은 눈물 나고 아프고 슬픈
것이기 때문일 것이다
사랑이란 어색한 단어를 꺼내는 용기가 우리에게 없기
때문일 것이다

행복의 증인

오래된 사진을 보다 문득 깨닫게 된다
카메라는 우리에게 행복의 증인이다
사진 속 우리는 모두 행복한 표정이다
더 팍팍한 삶에도 우리는 행복했었다
우리에게 다시 행복할 용기가 필요하다
카메라 앞에서 다시 행복한 우리가 되고 싶다

너에게 하고픈 이야기

네가 세상에서 제일 예쁘진 않아
네가 세상에서 제일 매력적이진 않아
넌 내 솔직함이 서운할지 모르지만
이미 넌 세상에서 제일 사랑스럽다

너의 에너지

첫 눈에 너에게 반하고 말았다
너는 매력을 사방으로 발산하였다
분수처럼 뿜어내는 매력 에너지에
나는 그만 너에게 빠져들었다
하루가 지날수록 네가 더 생각났다
강렬한 열망이 마음속에서 꽃처럼 피었다

가슴 뛰는 그녀

아침에 일어나 그녀의 사진을 보다
복잡한 머리가 휘파람처럼 상쾌해진다
사랑이 아니지만 잘 알지도 못하지만
그녀는 내 하루를 가슴 뛰게 하는 마력

이제 사랑은

사랑은 신기루처럼 점점 흐려지는 것
사랑은 무지개처럼 점점 사라지는 것
사랑은 옛 추억처럼 점점 멀어지는 것
사랑은 오지 않을 행운을 기다리는 것

뜨거운 눈물

사랑을 하면 뜨거운 눈물이 난다
뜨겁게 울수록 가슴 또한 뜨거워진다
결국 가슴 속 사랑은 기름처럼 불이 붙는다
온몸을 흐르는 사랑의 불길에 숨결조차 뜨거워진다
사랑이 없다면 눈물은 나지 않는다
설령 눈물을 흘려도 우리는 차돌처럼 단단해질 뿐이다
뜨겁게 사랑하고 싶지만 세상은 거친 덤불처럼 헤쳐
나가기 힘들다
우리는 슬프게도 점점 차갑고 단단해져간다

따뜻한 말 한 마디

내가 당신께 원한 건 따뜻한 말 한 마디
남이 아닌 당신께 원한 건 따뜻한 말 한 마디
힘들어도 당신을 보러오는 이유는 따뜻한 말 한 마디
남들이 이해 못하는 당신의 매력은 따뜻한 말 한 마디
언제나 쓸쓸한 저녁이면 당신에게 거는 한 통의 전화
수화기 너머 들리는 온갖 잡음 속 따뜻한 목소리
번잡한 거리를 두리번거리며 밤이 되도록 걸어도 내가
혼자가 아닌 이유는 오로지 당신과의 전화 통화
사람들이 모두 혼자이지만 혼자가 아닌 이유는 가족이
있기 때문이고 내가 혼자이지만 혼자가 아닌 이유는
당신이 있기 때문이네
당신의 따뜻한 말 한마디에 사랑이 깃들어 있기
때문이네

첫사랑

당신은 언제나 내 마음 속에 흰 백합꽃으로
피어있습니다

소년의 가슴에 사랑의 샘물이 솟아오르게 한 꽃 같은
당신이었습니다

당신 생각으로 촉촉이 젖은 마음은 움켜쥐면 사랑이
주르륵 흐를 것 같았습니다

당신은 동화에 나오는 안개 핀 호수의 아름다운 요정
같았습니다

나의 눈을 바라보는 당신 때문에 행복을 느꼈다는 걸
당신은 모를 겁니다

당신의 갑작스런 작별인사에 억지로 웃어보았지만 그때
마음은 울고 있었습니다

유년의 추억을 떠올리면 당신 생각에 슬며시 웃음이
나곤 합니다

누군가에게 아름답게 기억될 수 있다면 꽃처럼
향기로운 사람일 것입니다

당신은 내 마음 속 작은 마당에 아름다운 백합꽃으로
찬란히 피어있습니다

마비

당신을 향한 내 마음은 마비되었습니다
이젠 사랑도 아픔도 느낄 수 없습니다
가슴 속 뜨거운 감정이 식어버렸습니다
난 소금에 절인 생선처럼 짜디짠 슬픔에 절어있습니다
나의 손을 꼬옥 힘주어 잡아주세요
당신의 따스함을 나는 아직 기억하고 있습니다
슬픔에 마비된 마음을 풀어주세요
다시 당신을 사랑하고 싶습니다

외로운 사람

외로운 남자가 외로운 여자를 찾아요
외로운 남자는 위로를 받고 싶어요
외로운 그에게 충고는 하지 말아주세요
외로움을 이겨내라고 말하지 말아주세요
외로움을 슬픔으로 만들지 말아주세요
외로움은 오직 둘이 되어야 사라질 거예요
외로운 돌멩이 옆에 돌 하나를 놓아보세요
그것들은 이제 하나의 직선 위에 있어요
돌멩이 두개가 이 공간을 둘로 나누어요
두 돌멩이가 세상의 중심이 되는 순간이에요
누군가 외로운 그의 옆에 가만히 서 있어요
외로운 그녀가 외로운 그의 손을 잡아요
세상의 수없이 많은 점들 중 하나에서 직선이 되어요
둘은 이제 이 지구를 반으로 나누는 직선의 중심이에요
누구나 세상의 중심이 될 수 있고 그 중심엔 사랑이
씨앗처럼 박혀있을 거예요

붉은 꽃

조심스레 한 아름 너를 안아본다
아름다운 입술 같은 꽃잎
그 곳에 맺힌 아름다운 이슬
나의 몸에 부딪쳐 스며든다
더 조심스레 널 안아본다
너의 가시가 따갑게 찌르지만
난 기꺼이 고통을 참을 수 있다
너를 품에 안고 아득히 행복하기에

스르륵

스르륵 아이스크림처럼 달콤한 음악에 녹는다
별 하나 없는 푸른 밤하늘이 창문에 그림처럼 걸려있다
사르륵 한 줄기 바람이 방 안으로 들어온다
바람은 음악에 맞춰 춤을 추는지 나의 어깨를 스친다
스르륵 무거워진 눈으로 밤하늘을 보다 점점 잠이 온다

균열

내 심장 어딘가에 균열이 간 게 틀림없다
사랑을 언제나 갈망하는 건 그 이유가 틀림없다
벌컥벌컥 붉은 사랑을 마셔야 심장의 갈증은 사라질까
끈적이는 쨈 같은 사랑을 마셔야 비로소 균열이
메꿔질까
누군가 나의 금간 심장을 따뜻하게 어루만져
마법처럼 새살이 돋고 끊어진 핏줄이 이어졌으면
사랑으로 꽉 찬 심장으로 뜨겁게 그녀를 품에 안고 싶다

28

제2부. 타임머신을 타지 않는 이유

타임머신을 타지 않는 이유

타임머신을 만들었다. 누군가.

모두 타임머신을 타려 광장에 줄을 길게 섰다.

한 남자가 타임머신을 외면하고 자신의 집으로 향했다.

모두 그에게 지금의 삶에 만족하냐고 물었다.

모두 궁금한 눈빛이었다.

남자는 말이 없었다.

그리고 자신의 집에 도착했다.

집에서는 어머니와 커다란 개가 남자를 기다렸다.

남자가 어머니에게 말했다.

타임머신을 타지 않았어요.

어머니는 궁금한 눈빛이었다.

만약 과거로 돌아간다면 행복할지 자신이 없었어요.

사랑했던 그 아가씨에게 용기를 내서 청혼을 하고

결혼을 할 수도 있었겠죠.

좀 더 넓은 집에서 살 수도 있었겠죠.

그리고 더 많은 돈을 벌수도 있었겠죠.

하지만……

그땐 더 이상 우리 셋이 같이 얼굴을 마주하진 못할

거예요.

전 지금의 소박한 저녁시간이 좋아요.

행복은 욕심낸다고 오지 않을 거예요.

일상에 행복은 숨어있고 전 그걸 찾은 것 같아요.

이젠 느낄 수 있어요.

사랑과 우정과 믿음은 오래 묵히는 된장처럼 시간이 필요하잖아요.

행복도 시간이 필요한 것 같아요.

전 하루하루 더 행복해지려고요.

어머니와 그는 그날도 소박한 저녁을 먹었다.

해후

사랑은 언제나 그 자리에 있었다
너와 나의 시간은 바람처럼 흘러갔다
우리의 지나버린 시간이 풍화되어 흩어질 즈음
다시 만난 우리는 껍질 없는 달팽이처럼 움츠렸다
그리고 조심히 서로의 모습을 눈과 귀로 더듬었다
너와 나는 기억 속 그 모습이었다
사랑은 다시 그 자리에 있었다

고독

고독을 지우는 건 어쩌면 기쁨이 아닐 것이다
슬픔과 분노가 가슴 가득하면 고독이 마비된다
슬픔과 분노는 어쩌면 고독한 내 마음에 주사하는
모르핀이다
서서히 외로운 몸뚱이에 퍼지는 슬픈 마취제다

이유

삶이 좋은 건 사람이 좋기 때문이고
사람이 좋은 건 사랑이 좋기 때문이고
사랑이 좋은 건 내가 완전한 존재가 아니기 때문이다

아픈

아픈 꽃 한 송이
상처 받은 꽃 한 송이
동그라미처럼 웅크린다
살을 맞대어 아픔을 지운다
그대로 한참을 가만히 있다
머릿속에 달처럼 얼굴이 떠오른다
엄마 달 아빠 달 그리고 소중한 사람들
그 얼굴이 달처럼 떠오른다
아픈 꽃은 이제 아프지 않다
마음이 아프지 않다

틀

보호받기 위해선 틀 안으로 들어가야 한다
딱딱하고 각 선 틀 안에서 고통은 친구와 같았다
틀을 나오고 싶었지만 알몸뚱이는 연약했다
틀 속에서 자유를 꿈꾸지만 고통만이 말벗이다
언젠가 자유롭게 틀 밖을 거닐겠지만 그 곳이 영원한 꿈
속 일 것 같다

보리차

보리차 물을 가스레인지에 올려놓고 깜빡했다. 어머니가
가스 불 켰냐고 놀라 묻자 그제야 허둥지둥 불을 끄고
보리를 넣는다. 슬프게도 냄비의 물이 반이 증발했고 나의
기억력도 반이 증발했다. 어머니도 이제는 기억력이 한
바가지 증발했지만 다행이 후각은 아직 청춘이었다. 나의
목숨과 보리차와 고향집을 번번이 구하는 건 믿음직한
어머니의 코였다. 그녀에게 믿음직한 건 아들이 아니라
들판의 푸른 짐승같이 살아있는 자신의 감각이었다.

슬픔의 기억

나를 슬프게 하는 기억이 있다
나를 아프게 하는 기억이 있다
하지만
그 기억의 상처가 아물어 간다
그 기억의 흉터가 단단해 진다
이제는
흉터가 간질간질 가려워 진다
긁으면 시원할 것 같기도 하다
그래도
슬픔의 흉터는 조심히 다뤄야 한다
흉터가 덧나면 누군가 울지 모른다
내가 아픈 것이 누군가에겐 더 아플지 모른다

그냥 아는 사람

얼굴은 아는데 애기는 해보지 않았어
만나는 봤는데 같이 밥을 먹어보진 않았어
친구가 되고 싶은데 전화를 받지 않았어
메시지를 남겨도 확인을 하지 않았어
우린 그냥 아는 사람
두개의 떨어진 동그라미처럼 연결고리가 없어
나는 친구가 되고 싶은데 그건 부질없는 욕심
나의 가까운 친구들이 문득 고마워져
나의 친구들이 더욱 소중해져
그냥 아는 사람은 친구들과의 우정을 화학적으로
더욱 뜨겁게 반응하게 하는 촉매
친구들과 하나의 단단한 결정을 이루게 해주는 고마운
존재
그냥 아는 사람은 그림 속 아름다운 꽃
친구는 그 그림 밑에 놓은 꽃병의 꽃

경적

    내가 피해가길 바라며 누군가 경적을 울렸다. 빠르고 높은 경고음에 놀라 얼른 그 사람을 피했다. 그 사람을 보기만 하면 가슴이 뜨끔해 멀찍이 물러났다. 피해야 할 것은 분명 너와 내가 아니라 슬픈 경적일 것이다.

어른의 맛

외할머니 따라 마실갔던 집에서 준 커피
외할머니는 아직 애라며 사양했지만
난 먹고 싶어 커피에 눈을 떼지 못했지
외할머닌 아쉬워하는 날 바라보셨고
먹고 싶음 마시렴, 인자하게 말하셨지
기억도 희미한 초등학생 시절의 커피
아, 어른의 맛은 이렇게 쓰고 달았구나
난생처음 마신 커피는 단지 쓰고 단 맛
어른이 된 지금도 커피 맛은 잘 모르고
쓰고 단 것이 인생이라는 것만 알았네

황금 사과

중학생 때 선생님이 우리에게 물었다
우리는 왜 사는가
난 신이 주신 삶이라 그냥 산다고 했다
하지만 선생님은 일을 하기 위해 사는 것이라 했다
어린 나는 한심한 답에 비웃었다
하지만 이제 난 그 답을 비웃을 수 없다
우리에게 직장은 삶의 가장 큰 이유가 되었다
삶이 직장이고 직장이 삶이 된 듯하다
난 주어진 삶을 가치 있게 살고자 한다
가치 있는 삶의 끝에는 커다란 황금사과가 있음을
믿는다

안개가 끼다

어느 해부터인가 내 눈 앞에 안개가 자욱이 끼기 시작했다. 처음엔 안개 뒤에 숨어 있는 것이 무엇인지 몹시도 두려웠다. 안개가 걷히면 아무것도 없음에 안도의 한숨을 내쉬곤 했다. 고독과 슬픔으로 지독히 아팠던 해에 난 우연히 죽음이란 명제를 생각했다. 공포의 강을 거슬러 올라가 발견한 건 나의 눈시울을 적신 맑은 눈물이었다. 사랑하는 것 그리고 사랑을 더 하지 못하는 것. 그것이 삶과 죽음의 작은 차이였다. 그 차갑고 상쾌한 깨달음 후 나는 안개를 기꺼이 기다렸다. 스산한 기운을 뿜어내는 비릿한 안개가 눈앞에 자욱해도 두려워하지 않았다. 그 뒤에 무엇이 있는지 담담히 바라볼 용기를 갖게 됐다. 자신의 속살을 감춘 안개는 두려움 없는 나를 마치 가슴 뛰는 소년으로 만들었다. 안개는 이제 나의 무료한 일상을 흥미 있게 만들어준 마법의 커튼이 되었다.

우주

죽는다는 건 깜깜한 우주가 되는 것
기쁨도 슬픔도 괴로움도 느끼지 못하는 것
눈을 감고 우주를 그리다 잠에서 깨지 않는 것
산다는 건 우주가 꿈을 꾸는 것
우주가 인간이 되어 한바탕 놀다 가는 것
쓰고 시고 달고 쌉싸름한 인간세상을 겪다 가는 것
우주와 인간의 경계는 얇은 달걀 속껍질 같은 것

공룡

지구의 영원한 주인인 줄 알았다
거대한 몸집과 웅장한 기세
누구도 그 권위에 도전 못했다
절대적인 피조물은 오만해진다
하늘에서 신의 목소리가 들렸으리라
신은 마침내 공룡을 멸하였다
하나도 지구에 남기지 않으리라
운명의 시계는 밤 12시 정각을 울렸고
천사들은 신의 뜻으로 공룡을 멸하였다
하지만 공룡은 억울해하지 않았다
괴로운 표정의 공룡화석은 발견되지 않았다
종의 멸종은 순식간에 일어났고
지구의 주인은 또 다른 피조물로 서서히 바뀌었다
공룡은 지구의 주인으로 신의 선택을 받았고
신의 또 다른 선택을 담담히 받아들였다
영원한 건 신 밖에 없음을 안 그들은
신이 사랑했던 진정한 지구의 지배자였다

잊힌다

슬픔은 잊히는 것들의 그림자이다
멀리 길을 떠나는 잊히는 것들
잊히는 것들은 뒤를 돌아보지 않는다
아무도 바라봐주는 이 없음을 알까봐
아무도 손 흔들어주는 이 없음을 알까봐
잊히는 것들은 그것이 두렵기 때문이다
저 멀리로 잊히는 것들이 힘없이 걸어가면
슬픔이란 그림자가 길게 땅 위에 눕는다
그 그림자만이 잊히는 것들을 촉촉한 눈빛으로
바라본다
그림자마저 점점 희미해지면
잊히는 것들은 마침내 영영 잊히게 된다

침실

나의 침실에는 동그란 시계가 바늘이 멈춰진 채 벽에
걸려있다
  그 밑엔 32인치 텔레비전이 거의 하루 종일 검은
화면인 채 서랍장 위에 놓여있다
  그 텔레비전 옆에는 노트북이 놓인 책상과 안락의자가
있다
  그것들을 바라보는 난 자주색 시트의 침대 위에
앉아있다
  이곳이 내가 주로 시를 쓰는 공간이다
  시를 쓰다 시계와 텔레비전과 의자를 바라보곤 한다
  시계와 텔레비전과 의자를 보다 시를 쓰기도 한다
  가끔 적막한 방에서 나와 거실 소파에 앉아 라디오를
듣기도 한다
  하지만 그것도 잠시 뿐 말만 많은 라디오를 이내
꺼버린다
  다시 침대에 앉아 그리움에 잠긴다
  형제들과 같이 즐거웠던 시절
  친구들과 갖은 재미있었던 모임

후배들과 나눈 즐거운 대화
어머니와 같이 생활하며 쌓은 추억
좋아했던 여자와의 데이트
침실은 날 더 고독하게 하고
고독은 시를 잉태하게 한다
가끔 아파트를 나와 농로 길로 산책을 하러간다
바람소리와 물소리와 새들의 지저귐이 시처럼 아름답게
들린다
다시 침실로 돌아온 난 웅크린 짐승의 뒷모습처럼
고독해진다

조화

우리 집 거실에는 조화 세 다발이 텔레비전 옆에
놓여있다

마음이 허전할 때 두 다발을 샀고 직장장기자랑에서 한
다발을 받았다

난 조화를 까맣게 잊고 지냈다

분명 거실에 있지만 꽃들이 보이지 않은 것이다

이제 다시 조화가 눈에 보인다

아름다운 것이 마음이 쓸쓸하고 삶이 고달플 때 눈이
띈다는 것이 슬프다

딱딱하고 향기 없는 꽃이지만 지금 나에겐 한없이
아름다운 꽃들이다

내 곁의 작고 소중한 것들을 다시 바라봐주고 다시
뜨겁게 사랑하고 싶다

제3부. 누나 루나

누나 루나

  병실 창가에 뜬 루나는 우리에게 슬픔의 아우라를 내뿜었다. 누나처럼 아름다운 루나. 누나는 슬퍼도 루나처럼 빛나게 웃었고 나도 따라 웃었다. 차가운 황무지일 뿐이고 삭막한 위성일 뿐이지만 어두운 밤을 견디며 빛을 내는 루나. 무서운 밤에도 누나는 언제나 어두운 병실의 오로라였다. 아버지의 마른 몸을 씻기던 누나. 아버지의 횅한 눈빛을 적시던 루나. 아픔의 밤에 누나는 결국 울음을 터트렸고 아버지는 루나의 품으로 날아갔다. 루나는 지금도 누군가에게 슬픔의 아우라를 내뿜겠지만 이젠 그 지독한 슬픔이여. 안녕.

설렘

아직 새벽이 오지 않았다
잠에서 깨어 너를 생각한다
나의 가슴에서 뜨거운 덩어리가 느껴진다
온 몸을 견딜 수 없는 열기에 몰아넣은 너
내가 널 보고 싶어 새벽을 당겨 올 수 있을까
하늘의 달과 별을 빠르게 움직일 수 있을까
나의 시간은 이미 너에게 맞춰져 있고
나의 마음은 벌써 널 만나 설레고 있다
넌 내 온 몸의 세포를 깨어나게 한다
이건 아마 사랑일 것이다

아픈 이

나에게는 아픈 이가 하나 있다
삼분의 일 갈아낸 이를 하나 갖고 있다
하얀 보완재가 그 아픈 이에 붙어 있다
늘 그 아픈 이를 혀로 만지곤 한다
간혹 너무 아파 뽑아버리고 싶다가도
고개를 저으며 나 자신을 다독인다
아무리 못난 이도 진짜가 좋은 거예요
치과의사의 충고가 항상 떠오른다

나에게는 아픈 사람이 한명 있다
화가 나면 거친 말도 서슴지 않는 이다
아직도 소녀처럼 꽃을 좋아하는 이다
언제나 그 사람을 걱정하곤 한다
간혹 화가 치밀면 외면하고 싶다가도
다시금 그 사람 걱정이 슬그머니 고개를 든다
그래도 넌 부모님께 비행기 태워드렸잖아
문득 친한 친구의 부러운 말투가 떠오른다

어머닌 내게 뽑아내지 못할 아픈 이다
그 아픔을 언제까지나 간직하고 싶다

행복의 이유

너와의 사랑을 꿈꿀 수 있어 행복하다
너를 항상 바라볼 수 있어 행복하다
너와의 미래를 상상할 수 있어 행복하다
너에게 난 거북하지 않은 남자이어서 행복하다
너에게 한 걸음 더 다가갈 수 있어 행복하다

행복하지만 난 아직 행복하지 않다
널 뜨겁게 품에 안고
널 뜨겁게 사랑하고 싶다

배려

날 위해 걱정하지 말아요
날 위해 슬퍼하지 말아요
난 그저 외로울 뿐이에요
먼 희망은 나에게 없어요
외로움 속 희망은 슬퍼요
나에겐 이야기할 누군가가
그 사람이 지금 필요해요

반가운 얼굴

    짐을 들어달라는 전화를 받고 어머니를 태운 산악회 버스를 기다렸다. 세종시 세 글자를 훈장처럼 가슴에 단 버스가 커다란 붉은 코끼리처럼 다가왔다. 바삐 내리는 사람들 속에 어머니가 보였다. 순간 초점이 흔들리며 꿈과 현실의 경계가 모호해졌다. 멀리서 어머니의 모습을 보니 마치 꿈 속 장면 같았다. 짐을 나눠 들고 집으로 오면서 가슴이 먹먹하였다. 걷는 동안 어머니의 말이 귀에 잘 들어오지 않았다. 같이 걷는 이 순간이 꿈이 아니라 그저 행복하였다.

밤하늘

문득 바라본 하늘엔
구름 낀 달
그리고
차가운 공기
희뿌연 가로등 불빛
말없이 걷는 행인들

다시 바라본 하늘엔
밝게 빛나는 달
그리고
조금은 달라 보이는 거리

힘을 내 빛을 내는 달
다시 힘을 내보는 나

사소한 행복

깊은 밤에 편의점에서 라면을 먹는다
그 곳엔 남학생들이 무리지어 야식을 먹고 있다
라면을 살 돈이 있고 이곳에 올 건강한 몸이 있다는
것이 문득 소중히 느껴진다
행복을 편의점에서 발견한 내가 대견하다
사소한 행복을 매순간 발견하는 소중한 내 자신이 되고
싶다

시선

나의 마음을 따라 시선이 움직인다
감출 수 없는 너를 향한 나의 호감
자꾸 바라보고 자꾸 눈이 마주친다
자꾸 보고 싶고 자꾸 마음이 설렌다
용기를 내 너에게 데이트를 신청한다
이제 넌 내 시선이 부담스러울까
이제 난 네 시선이 부담스러울까
사랑은 부담스런 시선이 점점 싫지 않은,
마음의 벽이 허물어지는 과정일 것이다

홀로

외로운 밤 누군가가 그립다
라디오의 사랑노래가 위로해준다
이 노래처럼 사랑을 하고 싶다
누군가가 날 그리워하면 좋겠다
외로운 날 사랑해주면 좋겠다

꿈

눈을 감고 잠을 청하다가
초승달과 별들을 허공에 떠올릴 때가 있어
내 마음 속 우주가 한없이 허전할 때
그대 얼굴이 선명하게 떠오르면
신비롭게도 달이 빛나고 별들이 반짝이기 시작해
내게 우주가 아름다운 건 그대가 있기 때문이야

마음의 끈

가족은 눈 감고 뭔가 느껴지는 게 있다
마음의 끈이 희미하지만 연결돼 있다
나이를 먹고 가족 간의 정이 사라지면
우리를 연결하는 마음의 끈이 끊어진다
마음의 끈이 끊어진 우리들은 슬프게도
검은 밤의 한 조각 외로운 어둠이 된다

가족

멀리 있어도 좋은 건
혼자 있어도 좋은 건
생각만 해도 좋은 건
가족이 있어 좋은 것

바램

　추억이 아름다운 이유는 선명했던 기억이 바래기
때문이다
　사진이 시간이 지날수록 색이 바래듯이 추억도 점점
바래간다
　낡고 희미해진 추억은 아련하고 애틋하다
　빛바랜 사진처럼 가슴 속 추억은 아름답게 나이를
먹는다

너의 눈빛

난 너의 눈빛이 두려웠다
속을 알 수 없는 검은 호수
너의 눈은 그 호수 같았다
널 외면하기를 반복하다가
문득 호수에 두려운 내가 비쳐보였다
그러자 그 호수가 슬퍼보였다
네게 두렵고 알 수 없는 건 내 마음이었다
난 이제야 비로소 너에게 다가간다
검은 호수에 조금씩 빛이 든다
너의 눈빛에 별빛이 반짝인다

기댈 곳

거리에 퍼즐 조각 같은 한 사람이 있습니다
주위에 맞지 않는 한 조각처럼 우두커니 서있는 한
사람이 있습니다
그 사람 기댈 곳을 찾습니다
단단한 벽도 커다란 나무도 주위에 없습니다
분명 그 사람 지금 서 있는 게 힘든 모양입니다
금방이라도 주저앉을 듯 위태로워 보입니다
그 사람에게 무슨 일이라도 있는 것일까요

주변의 사람들은 바빠 길을 걷습니다
사방의 도로에는 차들이 쉼 없이 지나갑니다
지나는 누군가 그 사람에게 염려의 눈빛을 줍니다
그 사람은 금방이라도 눈물을 쏟을 것 같습니다
그 때 그 사람에게 누군가 전화를 걸었습니다
그 사람 짧은 대화 후 이제 괜찮아 보입니다
그 사람 얼굴빛이 편안해 보입니다

그 사람 이제 바삐 걷는 사람들 틈에 있습니다

그 사람 이제 거리풍경에 딱 맞는 한 조각이 되었습니다

너와 나

너의 오랜 기다림이 나였으면 좋겠다
나의 오랜 기다림이 너였으면 좋겠다
너의 가치를 알아준 남자가 나였으면 좋겠다
나의 가치를 알아준 여자가 너였으면 좋겠다
우리의 만남이 결코 스치는 인연이 아니었으면 좋겠다
너와 내가 사랑으로 세상의 중심이 되었으면 좋겠다

제4부. 낙천주의자

낙천주의자

가을날 도서관 벤치에 잠자리 한 마리와 같이 앉아있다
나의 맞은편 자리에 한 마리가 날아 앉은 것이다
점점 긴장을 풀고 날개 높이를 차츰차츰 낮춘다
고개를 갸웃거리는 것도 멈추고 이제 미동도 않는다
잠자리는 사람인 내가 궁금했던 모양이다
어쩌면 목숨을 걸고 내 맞은 편 벤치에 앉았는지도
모른다
내가 해치지 않으면 상대도 나를 해치지 않을 거란 굳은
믿음
처음 보는 상대에 대한 막연한 우호감
잠자리는 분명 낙천주의자임에 틀림없다
어느 순간 잠자리는 내 맘에 느낌표를 남기고 하늘
어딘가로 날아가 버렸다

공짜 음악

신발가게 앞에서 버스를 기다린다
가게에서 나오는 음악을 공짜로 듣는다
버스가 오지 않아도 그리 서운치 않다
달달하고 평온한 노래에 맘은 무방비상태다
차들이 지나치는 도로가 영화장면 같다

목적지

인생의 목적지를 향해 나아간다
수풀 우거진 곳을 지나갈 때
수렁 깊은 곳을 지나갈 때
어둠 짙은 곳을 지나갈 때
간혹 내가 있는 곳을 몰라 막막하여도
하늘에 별과 달과 해가 있다면
맘속에 흔들리지 않는 의지가 있다면
나는 결국 목적지에 한 걸음씩 다가갈 것이다

문뜩

문뜩 외로울 때 혼자일 때
나를 사랑해준 사람들의 얼굴이 눈앞을 스쳐지나간다
그럼 내 마음 속에 진한 한 방울의 사랑이 떨어져
푸른 잉크처럼 나의 온 몸에 퍼져나간다
문뜩 그 사람들에게 사랑을 주고 싶어진다

선물

사랑하는 사람에게 선물을 하고 싶다
내 마음을 담은 호의를 베풀고 싶다
당신이 나의 선물을 받는 것은 아직
우리에게 사랑이란 공통분모가 남아있는 것이며
만약 우리가 무덤덤한 남이 된다면
난 더 이상 당신에게 선물을 못하게 되고
내 맘의 방에는 거절당한 사랑이 반송된 소포처럼
층층이 쌓일 것이다

시를 쓰다

외로울 땐 시를 쓴다
누가 나의 시를 읽는다면
외로운 난 그 사람과 연결된다
사랑이 그리운 나와 그 사람이 연결된다
사랑이 더해지고 외로움이 나눠진다

다름

나는 당신과 다릅니다

나는 당신과 같습니다

내가 당신과 다른 것은 생각입니다

내가 당신과 같은 것은 모습입니다

우리의 생각은 태양과 달처럼 다릅니다

우리의 모습은 태양과 달처럼 같습니다

당신이 태양이고 내가 달입니다

또한 내가 태양이고 당신이 달입니다

태양은 낮에 세상을 밝게 비춥니다

달은 밤에 세상을 밝게 비춥니다

태양과 달이 번갈아 뜨며 세상을 밝힙니다

당신이 항상 태양이라면 밤 풍경은 어찌 볼 수 있을까요

내가 항상 달이라면 어찌 낮 풍경을 볼 수 있을까요

실상 현실의 우리는 지구의 한 점 먼지 같은 인간입니다

우리가 태양과 달처럼 평화롭게 세상을 살아갈 수
있을까요

당신과 내가 그럴 수 있을까요

우리는 태양과 달처럼 다르다는 걸 서로 인정할 수

있다면

    태양과 달은 우리가 도달할 수 없는 고귀한 존재라는 걸
인정할 수만 있다면

    태양과 달은 아름답기에 서로 동등하다는 걸 인정할
수만 있다면

    당신과 나는 다르지만 같은 친구입니다

메아리

사랑이랑 단어는 입안에서 맴도는 메아리다
사랑을 가볍게 말하면 은은하게 입 안을 맴돈다
사랑을 무겁게 말하면 가슴으로 메아리가 느껴진다
사랑이란 나의 입에서 나와 나의 온몸으로 전달되는
진동이다
나의 감정의 털이 바싹 곤두서게 하는 미세한 지진이다

비타민

사랑은 부족하면 병에 걸리는 비타민
나에겐 아주 조금 필요한 비타민 같은 사랑
하지만 나에게 꼭 필요한 비타민 같은 사랑

과자 맛

사천 원에 과자 한 묶음을 샀다
감자 칩 하나에 크래커 세 개
마음이 부자가 된 듯 흐뭇하다
감자 칩 봉지를 찢으니 공기가 반
크래커 깍대기를 여니 포장이 반
어린애처럼 흐뭇했던 맘이 과자봉지처럼 푹 커지고
어릴 적 사먹던 과자들이 몹시 그리워진다
동전 몇 푼에 샀던 양 많고 배부르게 먹던 과자들
자본주의가 발전할수록 과자의 허풍은 커지고
우리의 아이들은 자본주의의 냉정한 맛을 이미
과자로부터 알아간다

봄날의 벤치

사랑은 부글부글 끓어 넘치는 것
사랑은 터질 듯 거품이 커지는 것
사랑은 행복한 기분에 가슴이 벅차오르는 것
하지만 바보같이 믿었던 사랑은 이내
차가운 냉수처럼 정신을 아찔하게 하고
다 터져버린 거품처럼 푸석거리며
차가운 한마디에 얼음처럼 가슴이 얼어붙게 하니
굳이 사랑의 슬픔을 이기려하지 않으리
아름답게 내 사랑을 먼 길까지 배웅하리
이별로 마음 속 옛사랑을 비워내었으니
이제 새 사랑을 마치 행인을 기다리는 봄날의 벤치처럼
기다리리라

소음

심야의 방 안을 소음이 날벌레처럼 어지럽게
돌아다닌다
어머니는 오늘도 텔레비전 소음 속에서 잠들어 있다
밤늦게 아들이 들어오면 얼른 잠에서 깨어 밥을
차려주는 어머니
시골생활을 동경하는 사람도 있다지만 어머니는 시끄런
이 도시가 좋다
도시가 잠들 무렵 아들이 거리의 소음을 툭툭 털고 집에
들어오면
깊은 밤 아들과 어머니는 밥상 앞에서 술잔을 건네듯
말을 주고받는다
아들이 잠이 들면 어머닌 광대처럼 시끄런 텔레비전을
끄고 그제야 잠이 든다

여운

고단한 몸을 침대에 누인다
분명 평소 같은 하루였는데
누군가 내 마음에 남는다
그녀가 눈앞에 아른거린다
눈을 감고 그녀를 떠올린다
그녀가 오늘의 여운이었다
오늘은 선물 같은 하루였다

지독히 외로울 때

텅 빈 마음으로 거실에 우두커니 앉아있으면
대도시의 번잡한 거리가 그리워진다
날 아는 이도 기다리는 이도 없겠지만
전단지로 늘 어지러운 그 거리가 걷고 싶다
그저 지나가는 이들의 모습을 바라보는 것
그것만으로도 커다란 위로가 될 것 같다
지독히 외로울 땐 아무 생각 없이
인파의 물결에 흔들리는 수초가 되고 싶다

미뤄두었던 일

고단한 몸으로 침대에 누웠습니다
잠시 동안 누군가 그릴 사람이 있어 다행입니다
당신은 멀리 있지 않지만 왜 이리 나의 마음을 아리게
할까요
나를 향한 당신의 웃음을 세어보았습니다
당신에게 특별한 사람이 되고 싶은데 그 방법을
모르겠습니다
당신의 사랑을 받으면 난 가슴이 벅차 환호성을 지를
것만 같습니다
당신은 날 슬프게도 기쁘게도 만듭니다
당신 생각을 하니 시간이 깊은 강물처럼 유유히
지나갔습니다
오늘 마음이 아려서 미뤄두었던 당신 생각을
끄집어냈습니다
사랑은 귀찮아도 아파도 미루지 않는 것이란 생각이
듭니다
어쩌면 당신은 나의 눈길과 말투를 기다리는 중일지
모른다는 생각이 들었습니다

사랑은 상대에게 미루지 않는 것이란 생각이
들었습니다

무언의 대화

말을 하지 않아도 알 수 있었다. 그녀의 하얀 눈동자가
붉게 노을 지고 있었다. 순간 그는 자신을 위해 제발
눈물을 흘리지 말았으면 하고 기원했고 그녀는 결국
눈물을 보이지 않았다. 어느새 그의 눈동자도 그녀의
눈동자처럼 붉게 노을 지고 있었다. 이제 그가 그녀를
위해 눈물을 참아야만 했다.

풍선

너에게 나의 꿈을 맞춘다
풍선처럼 부푼 나의 꿈
널 위해 그 풍선에 숨을 더 불어넣는다
넌 지금 내 생각을 할까
나의 풍선이 터질 듯하다

달리다

달린다
달리며 주위를 본다
주위를 보다 다시 달리다
사실 주위는 잘 보이지 않는다
그저 여유로워 보이기 위해 주위를 본다
눈앞이 깜깜하고 내 발걸음만 보이지만 그저 달린다
누군가가 그만 달리라고 외쳐주었으면 하고 바라지만
난 고독하다
혼자다
지쳐 쓰러지면 난 멈출 것이다

제5부. 금강애가(錦江哀歌)

금강애가(錦江哀歌)

임아
임아
가지마소
임이 가면 나는 죽소
살아온 세월 얼마인데
임 없이 나는 못사오

갔소
갔소
임이 갔소
한 짝의 짚신 같은
나는 이제 어찌 사누

강아
강아
너는 알지
임이랑 나랑 얼마나 사랑했는지

비단 같은 너의 살결
임이랑 어찌 그리 같누
그리워 임의 품속
그리워 임의 살결

강아 강아 나랑 살자
임일랑은 이제 잊고
얽히고설키어 나랑 살자
한 몸 되어 천년만년

파리

파리 한 마리가 집에 들어왔다

집이란 본디 사람이 사는 곳
사람에게 해로운 생물은 죽어야 되는 법
파리채를 잡았다

살기 위해 온 집안을 돌아다니는
창문에 연신 머리를 부딪치는 아웃사이더
한참을 보다 창문을 열었다

살기가 누그러진 것을 보고 파리가 나갈 생각을 않는다
아무리 기다려도 나갈 생각을 않는다
요놈을 어떻게 해야 하나
죽여야 하나
살려야 하나

네 놈이 아무리 귀여운 표정으로 쳐다봐도
너와 나는 친구가 될 수 없는 걸 어쩌란 말이냐

진주

바다는 호시탐탐 기회를 노렸다
달이 눈을 감고 들개가 우는 날 마침내
바다는 폭풍우를 일으켰다
뺨을 후려치는 모래폭풍에 조개는 정신을 잃었고
야비한 웃음을 흘리며 바다는 그 순간을 놓치지 않았다

바다는 실신한 조개의 하얀 자궁에 그의 파란 정액을
사정했다
검은 달이 뜨는 밤이면 난봉꾼 바다에 당하는 조개가
한둘이 아니라는 소문이 파다했다

혀를 질끈 깨물어 더럽혀진 삶을 마감하려 했지만
조개는 그녀의 생을 씹어 끊을 이빨이 없었다
아! 비정한 조물주여 아버지여
뜨거운 눈물을 쓱 한번 훔치고 조개는 꾸역꾸역
모래알 같은 하얀 밥을 먹기 시작했다

배가 따끔따끔 아팠다

난봉꾼 바다의 매독 균이 몸에 퍼진 모양이었다
자궁에서 서서히 자라는 종양 덩어리
배꼽에 비치는 핏빛 기운
면도날로 내장을 끊는 듯한 고통이 계속되고
조개는 결국 까무룩 혼절하고 말았다

정신을 깨고 본 사타구니는 피로 흥건했다
그리고 그 사이로 보이는 하얀 핏덩어리
순간 태양은 운행을 정지했고
그녀는 검은 우주 속의 한 덩이 쓰레기 위성(衛星)이
되었다
밤이 새도록 조개는 짐승처럼 울부짖었다

햇빛 알레르기

그는 햇빛을 두려워한다
새벽 6시 어슴푸레 오른쪽 창에서
푸른 총알이 발사되기 시작하면 그는 자주색 커튼을
친다
커튼을 치자 그의 거실은 햇빛으로부터의 공격에
안전한
난공불락의 요새가 된다
그는 검은색의 커피로 아침을 대신한 후
못과 망치로 거푸집을 만들기 시작한다
가로 세로 높이 1m인 네모난 상자를 거실에서 만들고
있는 것이다
거푸집이 완성되면 그는 그 틀로 들어갈 것이다 그리고
변태를 시작할 것이다
그와 같이 사는 유일한 가족인 슬픈 눈의 스물여덟
여동생은
사랑하는 오빠를 위해 기꺼이 거푸집에 시멘트
모르타르를 부어줄 것이다
그럼 햇빛의 손아귀로부터 완전히 도망칠 수 있겠지,

누에가 고치가 되고 결국 나방이 되는 것처럼 그도.

변태를 거듭할 것이다 그리고는

지금의 붉은 반점 투성이의 껍데기를 찢고 새로운
피부를 얻을 것이다

그는 심한 알레르기성 피부이다

의사들도 원인은 모른 채 노란색과 하얀색의
스테로이드 두 알을

처방할 뿐이다 하지만

그는 자신의 병의 원인을 안다

그는 햇빛 알레르기이다

사회 주류 어디에도 속하지 못하는 그에게 햇빛은
사치이며

혐오스러운 존재이다

어쩌면 그는 동생의 피와 돈을 빨아먹는 흡혈귀일지도
모른다

그는 오늘도 자주색의 커튼을 치고 거푸집을 만들고
있다

거미

둥글게 둥글게 기원의 춤을 추며
신부를 맞이할 준비를 한다
천사를 닮은 그녀
몰래 정원으로 날아올 것이다
정성껏 꾸민 보라색의 파라다이스에서
첫날밤을 맞이할 시간이 왔다
날카로운 전율이 손끝에 느껴지고
그녀는 떨고 있었다
가느다란 손목에 몰핀을 주사한다
이것은 너에게 베푸는 최소한의 배려
아! 미처 이름도 말하지 못하였구나
나의 이름은 카인
누구에게도 속하지 못하는 이단아
여덟 개의 다리야말로 카인의 표식이라고 말하지
냉혹한 사람들
신이 버린 자식이라 손가락질한다
그래 구원받지 못해도 좋다
누군가 말을 걸어 준다면

비록 악마라도 말을 걸어 준다면
나는 그의 벗이 될 것이다
외롭다
고독이 나를 절대자에게 멀어지게 한다
세상이 나를 절대자에게 멀어지게 한다

초록 전봇대

우리 집 바로 옆에
섬처럼 작은 논이 있다
개구리들이 신나게 울어대는
노래연습실이다
어느 날 보니 담쟁이넝쿨이
논 옆의 전봇대를
커다란 녹색 혀로 삼켜버렸다
전깃줄을 타고 엉큼한 초록손이
조금씩 옆의 전봇대를
살짝살짝 만지려 한다
분수처럼 뿜어 나오는
담쟁이넝쿨의 애정욕심이 경이롭다
결혼식에 온 하객들이
피로연식당에서 조근대듯이
개구리들이 담쟁이넝쿨의 애정행각에
밤새도록 떠들어대고 있다
전봇대는 담쟁이넝쿨의 푸른 에너지에
전기가 찌릿찌릿 올까?

욕심쟁이 담쟁이넝쿨은
천상 바람둥이인가보다

청춘 열병

봄에 핀 꽃처럼 눈부신 에너지의
소년과 소녀들이 공원에 모여
해바라기처럼 웃어댄다
십대들이란 작은 태양처럼 눈부신 존재
순수한 그들은 이미
아무것도 두렵지 않은
거친 바람이 부는 세상의
아름다운 화랑들
정열이 그들의 날카로운 창이고
우정이 그들의 견고한 방패
벗어날 수 없는 무력한 현실에
소년과 소녀들에 올무에 걸린 것처럼
검은 안개에 휩싸여
지독한 독으로 검은 물이 들 때
사랑이 오직
논밭의 힘 잃은 독수리처럼
아파하는 그들에게
해독제이니

뒤를 돌아보면 항상 그 자리에 있는

자신들을 기다리는

사랑하는 가족이란

아름답게 다시

청춘을 불타오르게 할 이유

삼길포에서

서산버스터미널에서
어머니와 이모를
한참을 기다린다

먼 길에 녹초가 된 엄마와 이모

횟집에서 세 명이 회 이인분을
시키고 가슴에 살점이 떨어져나간
물고기처럼 가슴이 아프다

원룸에서 세 명이 간신히 누우니
밤에 도통 잠이 오지 않는다

경차를 타고 대산항 구경 길에 오른
우리 세 사람

삼길포에서
어머 너무 좋다 너무 좋다를

합창하는 어머니와 이모

어선에서 파는 저렴한 회한접시에 비로소
마음 놓고 식사를 하신다

가슴이 아리면서도 따뜻해진다

내 마음속 별똥별

눈을 감고 마음속으로 검은 하늘에 손끝을 세워 빗금을
긋는다
손금으로 천천히 빗금을 문질러 지운다
어둠속에서 별들이 까끌까끌하게 모습을 드러낸다
슬픔을 머금은 별이 지구를 향해 폭포처럼 떨어진다
빛은 숙명처럼 어둠의 끝에 있을 것이다
종착역에 다다른 별들의 힘든 여정이 이제다 끝났다
어머니처럼 지구는 작고 슬픈 별들을 자신의 속살로
포근히 안아준다

짚신 한 짝

원래 짚신도 짝이 있는 거야
너무 조급해 하지 말어
어머니의 말씀에 나는 순간 이런 생각이 들었지
난 짚신일까? 고무신일까?
짚신처럼 질기고 억샌 여자를 만나면 어쩌지
하얀 피부에 키도 큰 고무신을 만나고 싶은데
짚신 한 짝에 고무신 한 짝이면 영 어울리지 않으니
어쩌지
나는 고무신이고 싶은데 주위에서 자꾸 짚신이라고
하네
내가 꿈꾸는 여인은 고무신 같은 여자인데
자꾸 눈을 낮추라고 하네
고무신이 될 수 있는 남자는 어떤 남자들일까
그게 요즘 고민이라네

부자

부자가 되면 얼마나 좋을까?
평소에 꿈꾸던 것들이 있었어
우리 가족 모두 해외로 여행을 가보고
내 살 아파트도 한 채 마련하고
멋진 차도 한 대 사고
그런데 어머니가 갑자기 심장이 아프시데
급하게 심장시술을 해야 했지
형제들은 모두 모여 각자 돈을 냈어
내가 대학 다닐 때도 어머니와 형과 누나는 여유 있는
대로 돈을 내야했어
그때처럼 지금도 모두 당분간 아끼고 아껴야해
부자가 되면 얼마나 좋을까?
다시 생각해 보니 제일 좋은 점은
우리 가족이 아프면 맘껏 의료비를 낼 수 있다는 거야
더 큰 부자가 되면 그 때 다 같이 여행을 가면 되니까

중력

그녀를 기다리면서
쓸쓸한 밤하늘을
올려다본다
모처럼 만나면서
치마를 입지도 화장을
하지도 않고 나타난
그녀에게 서운한 마음이 든다
대형편의점에서
햄버거를 먹고 이내
패스트푸드보다 더
빨리 데이트를 하고
헤어진 우리
꽃다발을 주고 등을
돌린 나를 바라보는
그녀의 한숨 섞인 눈빛
버스 안에서 쓸쓸하고
무거운 거리를 보니
늦가을 바람이 추운 듯

옷깃을 여미는 사람들
그들 중 마치
달무리처럼
어둠속에서도 빛나는
연인들의 사랑 에너지
그녀와 나의 점점
멀어진 거리
그녀는 마치 중력을 벗어난
하나의 인공위성